CÍRCULO DE POEMAS

Dois carcarás

Leandro Durazzo

dois carcarás
nos mourões da cerca: do lado de lá
a floresta, e aqui,
minha estrada. Par de carcarás
pousado apenas,
enquanto eu passo. Lá, mais lá
ao longe, o sol se aproxima das dunas.
De algum lugar vem o vento
do mar.
A vida é uma

na chácara à beira da estrada,
bem onde o ônibus para
e a polícia rodoviária tem seu posto,
não há mais cachorros na entrada:
agora, cabras
vigiam feito cães de guarda,
embora não soltem balido algum
para quem passa

um minúsculo morcego se agita
à tardinha, que é agora.
Dá seu rasante sob as copas
cheias de jasmim e notas
de umburana, como quem louvasse o fim da tarde.
Percebo a tempo: estanco o passo
e o morcego faz o mesmo:
gira meia-volta bem na hora
do acidente
e em mim não bate

meu sangue,
que a muriçoca guarda,
será meu
ou da muriçoca?

uma arapuá entra pela janela
junto com o sol que entra pela janela
enquanto meu café termina na xícara
e o universo segue se expandindo

em todo canto há movimento

no caminho,
um beija-flor no fio de luz
cantava

um beija-flor pousado,
mas agitando o ar
com seu gorjeio

quieto, sentado, observo
um cavalo-do-cão entrando porta adentro
e voando aqui perto, rente a mim

voando porta afora em seguida,
como quem tocasse a vida sem sequer me observar

por meus livros já passaram
lesmas, formigas, moscas,
vespas e traças: há toda uma cultura
em seus trajetos, toda uma
literatura
que enxergo
tão somente quando leio
as curvaturas do caminho
e esqueço que são resmas
sobrepostas a outras resmas
e mais nada

uma libélula me invade a casa
(é a gata quem me alerta)
enquanto a companheira dorme
(embora já desperta
hoje mais cedo,
quando a outra gata nos pôs medo
ao rosnar
no quarto adentro)

da cenoura que recolho
da quitanda
cai um escorpião
que vejo andar pelo gradil
de outros legumes

cães e gatos, galos
e outras aves, araras
colorem o pensamento

mesmo temendo
as asas afoitas da libélula em fuga,
o açoite do escorpião, que a ninguém pica,
e o olhar de ódio da gatinha que, talvez,
tivesse apenas acordado
a um pesadelo

no muro da obra, ao lado
da sombra que engole o prédio
que um dia virá a ser,
duas iguanas caminham lentamente,
uma de encontro à outra
enquanto observo, sacola de compras na mão,
e o mundo inteiro adiante

como se saída
de dentro do bolo
na pilha de lixo
ao lado do poste
a pomba branca assombra

um carcará me avoa, bem rente à rede,
na varanda em que estou deitado

olho o céu, as asas do animal:
seu voo me eleva sem que eu sequer dê fé

no peito, um vento assola
a imensidão da terra em que me escoro
e sopra imensidão ainda maior

meus pés mirando o sol,
na rede, e os olhos contemplando o vasto chão,
naquele carcará

contra a luz da manhã,
no topo do muro,
um passarinho observa o mundo

eu passo
pela calçada

a ave me espia
com o sol a seu favor

asas se agitam;
ouço

conforme ganho terreno,
desfazendo o sono
do amanhecer,
a moita se agita em fúria

tenso,
arrudeio:

e eis que me sai do canteiro
de plantas ornamentais
crestadas pelo sol
uma embalagem de chocolate voando como se ave

metafísica, plena
no raiar de minha alvorada

há um reflexo no vidro
que me separa da sala

nele, um vulto
passa ligeiro
tingindo o céu
que vai refletido

só minha inspiração
tem tempo de enxergá-lo:

o beija-flor, sombra somente,
avoa no instante de seu vulto

penso
se não haverá ali,
entre voo e vulto,
um mínimo segundo que os separa

como o vidro, a mim, da sala

bato meu cachimbo no terrário
que serve de vaso às espadas-de-são-jorge

de seu meio, uma aranha parte
em franca disparada
pelos ladrilhos da varanda

a madeira do cachimbo segue quente em minhas mãos:
                                                        [aperto-o
contra o peito

a aranha volta à espada
que, de início, era casa

meu peito se aquece um pouco,
mas depois passa

de trás de meu aió
atado ao gancho da rede,
uma pequena aranhinha salta

bege, da cor do aió,
como se feita, ela também, de caroá;
desponta na tinta azul
que cobre a parede

salta. A planta verde
a recebe, se agita,
e vaga, a aranhinha,
sob essa claridade imensa que é o dia

é bem de perto que o bando
segue, no céu, esse drone
cinza, metálico, branco,
que algum engenheiro criou

saberão, as aves, para onde voam?
quererá, o drone, desviá-las
do caminho que o mundo ensina?

o que é essa
tecnologia?
como podem, os pássaros, sonhar?

a bateria falha; do solo,
vem o comando: o drone volta

o bando
segue em paz

imerso n'água, um bem-te-vi
passa rasante; não desvio

sou líquido; ele, asa
que carrega eras e eras
em seu bico. Vejo-o pousar
junto à piscina
em que mergulho

um dinossauro
vivendo aqui
neste futuro

balança as penas:
procura algo: a crista
arrepia-lhe a cabeça:
o vento canta
algum lamento
e ele atenta

eras e eras soprando, lentas,
a cada novo nascer de ave,
a cada ovo depositado
deus sabe onde

as linhas do mapa
se me embaralham a vista

andei por lá, entre essas linhas,
reconheço a baixa de Zé Guiné, a estrada
que desce sentido ao rio, sei
que mais a leste, como quem vai
pra Cerimônia,
há uma aldeinha feliz, com pouco mais
de dez famílias

às vezes falta água, mas o céu é um manto estrelado
que brilha quase toda noite, até
quando a água cai

há maretas ruminando o dia a dia,
ecoando a voz das marés para onde corre
o rio — o mar. Há balidos, zurros, cismas
de humanos e outros tantos
que os ultrapassam. As linhas do mapa
não os captam

o arranha-céu impede a garça
de voar rumo à colina

contorna a cidade.
A menina que a observa,
parada à janela do prédio,
binóculo em punho, sorriso
rasgado na cara,
julga ser bonita e harmoniosa
a natureza

a fumaça de meu cachimbo
atrai a arapuá

sempre

nas voltas que o fumo dá,
o cachimbo me diz, talvez,
o que também diz para a abelha:

atenta

celebra: o segundo botão
acaba de se abrir
e o sol o abraça

já pela segunda vez,
o caule brota

máquina de vida, aquela planta,
que agora recebe, pétala a pétala,
o beija-flor

observo uma libélula
                    que me observa
do ramo da faveleira
                sobre
quipás, cascalho, terra
e esta aranha sertaneja,
que em minha mão aterra
enquanto escrevo

mal me acomodo,
sinto o assento
se remexer sob meu corpo

não sei o que pensar, então levanto

de sob o forro, um rato,
nas primeiríssimas horas da manhã,
desperta

e foge

no enorme vaso
que guarda as águas
que as gatas bebem,
a mariposa nada

como um animal,
a flor aberta se move
tão logo anoitece

vira sua face
à lâmpada elétrica,
faz dela um sol,
estende o dia

e caça

uma sombra
de asas rápidas
rasga o ar sobre mim
e minha rede

não sei se barata, vespa,
mariposa oculta nas entredobras
durante o dia

só sei que sombra,
voando pelos olhos que apenas disso sabem

animal
nas ranhuras do tempo,
eu me arrasto

nem garras, nem gana,
nem penas:
fado

e um certo medo
que toda vida extingue

é pela página que passa
a traça

sem saber
que nela escrevo
e sobre ela me debruço

como se tudo fosse o mesmo:
berço, traça, o vazio
indefinível da escrita
antes que alguém
venha escrevê-la

Copyright © 2025 Leandro Durazzo

Todos os direitos reservados. Nenhuma parte desta obra pode ser reproduzida, arquivada ou transmitida de nenhuma forma ou por nenhum meio sem a permissão expressa e por escrito da Editora Fósforo.

DIREÇÃO EDITORIAL Fernanda Diamant e Rita Mattar
COORDENAÇÃO DA COLEÇÃO E EDIÇÃO Tarso de Melo
COORDENAÇÃO EDITORIAL Juliana de A. Rodrigues
ASSISTENTE EDITORIAL Millena Machado
REVISÃO Eduardo Russo
DIRETORA DE ARTE Julia Monteiro
IMAGEM DE CAPA Josoaldo Lima Rêgo, *Folhas*, Praia do Mangue Seco, 2024
PROJETO GRÁFICO Alles Blau
EDITORAÇÃO ELETRÔNICA Página Viva

A marca FSC® é a garantia de que a madeira utilizada na fabricação do papel deste livro provém de florestas gerenciadas de maneira ambientalmente correta, socialmente justa e economicamente viável e de outras fontes de origem controlada.

CIP-BRASIL. CATALOGAÇÃO NA PUBLICAÇÃO
SINDICATO NACIONAL DOS EDITORES DE LIVROS, RJ

D957d

Durazzo, Leandro
  Dois carcarás / Leandro Durazzo. — 1. ed. — São Paulo :
Círculo de Poemas, 2025.

  ISBN: 978-65-6139-065-1

  1. Poesia brasileira. I. Título.

24-95517

CDD: 869.1
CDU: 82-1(81)

Gabriela Faray Ferreira Lopes — Bibliotecária — CRB-7/6643

circulodepoemas.com.br
fosforoeditora.com.br

Editora Fósforo
Rua 24 de Maio, 270/276, 10º andar
01041-001 — São Paulo/SP — Brasil

CÍRCULO DE POEMAS

O **Círculo de Poemas** é a coleção de poesia da Editora Fósforo que também funciona como clube de assinaturas. Seu catálogo é composto por grandes autores brasileiros e estrangeiros, contemporâneos e clássicos, além de novas vozes e resgates de obras importantes. Os assinantes do clube recebem dois livros por mês — e dão um apoio fundamental para a coleção. Veja nossos últimos lançamentos:

LIVROS

Cancioneiro geral [1962-2023]. José Carlos Capinan.
Geografia íntima do deserto e outras paisagens reunidas. Micheliny Verunschk.
Quadril & Queda. Bianca Gonçalves.
A água veio do Sol, disse o breu. Marcelo Ariel.
Poemas em coletânea. Jon Fosse (trad. Leonardo Pinto Silva).
Destinatário desconhecido: uma antologia poética (1957-2023). Hans Magnus Enzensberger (trad. Daniel Arelli).
O dia. Mailson Furtado.
O Kit de Sobrevivência do Descobridor Português no Mundo Anticolonial. Patrícia Lino.
Se o mundo e o amor fossem jovens. Stephen Sexton (trad. Ana Guadalupe).
Quimera. Prisca Agustoni.
Sílex. Eliane Marques.
As luzes. Ben Lerner (trad. Maria Cecilia Brandi).

PLAQUETES

cova profunda é a boca das mulheres estranhas. Mar Becker.
Ranho e sanha. Guilherme Gontijo Flores.
Palavra nenhuma. Lilian Sais.
blue dream. Sabrinna Alento Mourão.
E depois também. João Bandeira.
Soneto, a exceção à regra. André Capilé e Paulo Henriques Britto.
Inferninho. Natasha Felix.
Cacto na boca. Gianni Gianni.
O clarão das frestas: dez lições de haicai encontradas na rua. Felipe Moreno.
Mostra monstra. Angélica Freitas.
é perigoso deixar as mãos livres. Isabela Bosi.
A língua nômade. Diogo Cardoso.

Para conhecer a coleção completa, assinar o clube e doar uma assinatura, acesse:
www.circulodepoemas.com.br

**CÍRCULO
DE POEMAS**

Este livro foi composto em GT Alpina e
GT Flexa e impresso pela gráfica Ipsis
em janeiro de 2025. Uma sombra de asas
rápidas rasga o ar sobre mim.